Albrecht Penck

Reisebeobachtungen aus Canada

Vortrag gehalten den 16. März 1898

Albrecht Penck

Reisebeobachtungen aus Canada
Vortrag gehalten den 16. März 1898

ISBN/EAN: 9783743492707

Hergestellt in Europa, USA, Kanada, Australien, Japan

Cover: Foto ©Andreas Hilbeck / pixelio.de

Weitere Bücher finden Sie auf **www.hansebooks.com**

VORTRÄGE

des

Vereines zur Verbreitung naturwissenschaftlicher Kenntn

XXXVIII, Jahrgang. — Heft 11.

Reisebeobachtungen aus

⸺∘⸺

Vortrag, gehalten den 16. März

von

Albrecht Penck.

Mit 12 Abbildungen im Texte

Wien. 1898.

Selbstverlag des Vereines zur Verbreitung naturwissenschaftlicher
Kenntnisse.

Druck von Adolf Holzhausen in Wien

Nach den §§. 3, 4 und 5 der behördlich genehmigten Statuten des Vereines zur Verbreitung naturwissenschaftlicher Kenntnisse in Wien vom 11. April 1884 können diesem Vereine Herren und Damen, welche sich für Naturwissenschaften interessieren, gegen Entrichtung eines Jahresbeitrages von 10, 5 oder 2 Gulden beitreten. Familienkarten zu 5 Gulden gelten für fünf Mitglieder derselben Familie. Mitglieder, welche Beträge von 5, 10 und mehr Gulden jährlich entrichten, werden als unterstützende Mitglieder hervorgehoben, Beträge von 25 oder mehr Gulden aber unter den Subventionen ausgewiesen. Auswärtige Mitglieder haben die durch Zusendung des Jahrbuches erwachsenden Postauslagen zu tragen.

Der Beitritt zum Vereine berechtigt zur Theilnahme an den Vorträgen im reservierten Raume, zum unentgeltlichen Bezuge des Vereins-Jahrbuches mit den gedruckten Vorträgen und zur Betheiligung an den General-Versammlungen.

Alle Zuschriften und Sendungen an den Verein werden erbeten unter der Adresse:

Wien, I'. , k. k. technische Hochschule.

Die Vereinsleitung.

VORTRÄGE

des

Vereines zur Verbreitung naturwissenschaftlicher Kenntnisse in Wien.

XXXVIII. Jahrgang. — Heft 11.

Reisebeobachtungen aus Canada.

—⟫⟪—

Vortrag, gehalten den 16. März 1898

von

Albrecht Penck.

Mit 12 Abbildungen im Texte.

Wien, 1898.

Selbstverlag des Vereines zur Verbreitung naturwissenschaftlicher
Kenntnisse.

Druck von Adolf Holzhausen in Wien.

der
un
Ein
ver
ge
To
du
Ki

Vom 18. bis 24. August 1897 tagte die britische Vereinigung zur Beförderung der Wissenschaft zum zweitenmale auf canadischem Boden, zu Toronto am Nordufer des Ontariosees. Die Regierung der britischen Herrschaft von Canada und der Provinz Ontario, die Verwaltung und Bevölkerung der Stadt Toronto, die großen Eisenbahngesellschaften und alle wissenschaftlichen Kreise des weiten Gebietes von Britisch Nordamerika wetteiferten, den Gästen aus dem Mutterlande den Aufenthalt auf canadischem Boden so angenehm und lehrreich als möglich zu gestalten und ihnen einen Eindruck vom Lande in entgegenkommendster Weise zu vermitteln. Es knüpften sich an die Versammlung ausgedehnte Excursionen, theils in der Umgebung von Toronto, theils unter ausgezeichnetster Führung quer durch den Continent bis zur Insel Vancouver an der Küste von Britisch-Columbia, dem Goldlande der Gegenwart und nächsten Zukunft.

Eine Woche vor der Tagung der britischen Gesellschaft zu Toronto fand die Versammlung der gleichnamigen amerikanischen vom 9. bis 14. August statt, und zwar zu Detroit, an der Enge zwischen dem

Erie- und Huronensee. Es war ein Symbol der ausgezeichneten Beziehungen zwischen Briten und Amerikanern, dass die beiden Versammlungen sich gegenseitig einluden; erst waren die Briten Gäste bei der amerikanischen Gesellschaft, welche als eine Verwirklichung des panamerikanischen Gedankens ihre Mitglieder beiderseits des 49. Parallels hat, dann stellten sich die Amerikaner bei der britischen Versammlung ein, welche den geistigen Zusammenhang des weiten britischen Weltreiches zum Ausdrucke bringt. So kam es denn, dass sich kurz zweimal nach einander die ausgezeichnete Gelegenheit des Zusammentreffens mit amerikanischen und britischen Gelehrten an zwei für amerikanische Verhältnisse benachbarten Orten bot. Hatte sich bereits zu Detroit eine stattliche Zahl amerikanischer Forscher mit so manchen britischen zusammengefunden, so bot die Versammlung zu Toronto eine Vereinigung britischer und amerikanischer Gelehrter, wie sie wohl kaum je zuvor stattgefunden hat. Man kann getrost sagen, es war eine Versammlung der vornehmsten englisch redenden Gelehrten; es trat nicht bloß die Idee eines britischen Weltreiches, sondern mehr noch: die Thatsache einer englischen Weltsprache greifbar hervor.

Es war mir vergönnt, als Ehrengast zur britischen Versammlung geladen gewesen zu sein; als solcher habe ich auch der amerikanischen beigewohnt. Unvergesslich werden mir die Tage verbleiben, die ich erst in Detroit, dann namentlich in Toronto in einem Kreise illustrer Männer verbringen konnte. Die Excursionen, die sich an die britische Versammlung knüpften, bezeichnen eine solche Erweiterung meines geographischen Gesichtskreises, wie ich sie niemals zuvor erfahren habe. Mit der Erinnerung an allen diesen wissenschaftlichen Gewinn aber wetteifert die an eine wahrhaft großartige Gastfreundschaft, die ich vom Orte der Einschiffung nach der neuen Welt, von Liverpool über den Atlantik, und von dessen Westgestade quer durch Canada hindurch bis in das pacifische Weltmeer genoss.

Der kürzeste, wenn auch nicht rascheste Weg von Europa nach Canada führt durch den nördlichen Atlantik auf die Straße von Belle-Isle, welche zwischen Labrador und Neufundland den Zugang zum St. Lorenzgolfe ermöglicht. Man kommt bei dieser von den englisch-canadischen Postdampfern innegehaltenen Sommerroute[1]) von Liverpool nach Montreal Island auf 800 km, der Südspitze von Grönland sogar auf 500 km nahe und erreicht Amerika an seiner unwirtlichsten Küste, der von Labrador.

Sie wird von der kalten Labradorströmung bespült, welche die Eisberge Grönlands weit südwärts, bis auf die Neufundlandbank in den Atlantik verfrachtet. Am Abend des 3. August 1897 hatte der Dampfer „Laurentian" diese kalte Strömung erreicht. Die alle

---

[1]) Im Winter, wenn der St. Lorenzstrom gefroren ist, verkehren die Postdampfer von Liverpool über Halifax in Neuschottland nach Portland in Maine.

zwei Stunden gemessene Wassertemperatur sank plötz-
lich, der Aufenthalt an Deck ward unbehaglich; am 4.
nachmittags kamen die ersten Eisberge in Sicht. Einer
Bergkette gleich entstiegen drei Zacken am Horizonte
den Fluten. Sie erstrahlten blendend weiß über der
dunklen See. Dann tauchte ein neuer weiter rückwärts
auf. Wir kamen ihm beträchtlich näher, er machte
daher einen noch imposanteren Eindruck. Abends
endlich kam eine herrliche weiße Pyramide in Sicht.
Tags darauf machte sich die kalte Strömung durch
einen dichten Nebel fühlbar, welcher schwer über der
See lag. Der „Laurentian" musste öfters halten, um
Collisionen mit Eisbergen zu vermeiden; mehrere
Schollen trieben nahe vorüber. Mittags waren wir
nach einer astronomischen Bestimmung dicht vor Belle-
Isle. Aber kein Land sichtbar. Der Dampfer stoppte
neuerlich und ließ alle 20 Minuten sein Nebelhorn
ertönen. Abends endlich, als sich der Nebel etwas
hob, sahen wir das Leuchtfeuer von Belle-Isle, nachdem uns Kanonenschüsse, die wir von Zeit zu Zeit
hörten, bereits die Nähe dieses gefürchteten Eilandes
gekündet hatten. Aber eine Einfahrt in die klippen-
reiche Straße wagte der Capitän in der Nacht nicht,
und wir blieben abermals liegen. Tags darauf wieder
Nebel, der „Laurentian" gieng ab und zu vorwärts,
um neuerlich zu stoppen. Da auf einmal ward im
Nebel ein lichter Streifen sichtbar, nach wenigen Minuten war sicher, dass wir das Land unmittelbar vor
uns hatten. Eine düstere Felsenmasse entstrebte der

See, am Gestade noch am 5. August bis zum Meere
herab Schneeflecken, das ist Belle-Isle. Eine Zeitlang
gieng es nun noch weiter an Eisschollen und Eisbergen
vorbei, in der Ferne düsteres Land, über dem Ganzen

Fig. 1. Laurentisches Land an der Nordküste
des St. Lorenzgolfes oberhalb der Ile aux Coudres.

schwer lastender Nebel. So war der erste Eindruck
Amerikas an dieser Stelle, wo es gebadet wird von
polaren Gewässern, ein äußerst unfreundlicher. Bald
aber, sobald wir auf wärmeres Wasser kamen, hellte
es sich auf; der Rest der Fahrt durch das St. Lorenz-
Randmeer war außerordentlich schön.

23*

Wir verloren das Land nur selten aus dem Auge.
Im Norden sahen wir die rundbuckligen Berge von La-
brad·r und des nördlichen Theiles der Provinz Quebec
(vgl. Fig. 1). Im Süden ganz andere Formen: lang-
gedehnte Rücken, weaig gegliedert, oben mit ziemlich
ebenen Hochflächen. So erschien noch im Laufe des
5. August die Nordküste von Neufundland und im
Verlaufe des 6. August die bis 1200 m hohen St. Anna-
Berge auf der Halbinsel Gaspé am Südgestade jener
langen, trichterförmigen Meeresbucht, welche gewöhn-
lich schon St. Lorenzstrom genannt wird, während am
Nordufer wieder rundliche, etwa gleich hohe Berg-
formen vorwalten. Man empfängt hier deutlich den
Eindruck, an einer der wichtigsten Störungslinien im
geologischen Bau des östlichen Nordamerika entlang
zu fahren. Es ist dies die St. Lorenz- und Champlain-
linie, welche das uralte laurentische Land im Norden,
die Protaxis des amerikanischen Continentes oder der
laurentische Schild, mit seiner gelegentlichen Be-
deckung von schwebend aufgelagerten paläozoischen
Schichtgesteinen von einem alten Faltengebirge paläo-
zoischer Gesteine scheidet. Der erwähnte Gegensatz
der Form macht die Fahrt in dem noch immer mit
Salzwasser gefüllten St. Lorenzstrom bei Quebec zu
einer landschaftlich sehr anziehenden, der Wald,
welcher die Küsten von Labrador und Neufundland
meidet, zieht sich nun in dichten Beständen, nur hie
und da von Waldbränden zerstört, bis nahe zum Meere
herab. Ein weiterer Zug in der Landschaft drängt

sich hier dem aufmerksamen Beobachter sofort auf. In wechselndem Abstande von der salzigen Flut ziehen sich am Ufer parallele Linien entlang. Bald erscheinen sie als Einkerbungen im Abfalle, bald als Terrassen

Fig. 2. Terrassen am St. Lorenzstrome
zwischen Martin und St. Louis Rivière.
Am links befindlichen Gehänge Lichtungen, durch Waldbrand entstanden.

an der Mündung kleiner Thälchen des steilen Landes von Gaspé, sowie der nördlichen Gegenküste. Das sind die Uferlinien eines früheren Meeres, von der Brandung eingekerbt, oder von Flüssen aufgeschüttet, nach der großen Eiszeit, als das Land noch 100 bis 200 m tiefer lag denn heute und sich allmählich, jedoch un-

stetig und mit öfteren Unterbrechungen hob. Jeder
Ruhezeit in seiner Erhebung entspricht eine Terrassen-
fläche, welche von den kleinen weißen Häusern der
französisch-canadischen Bevölkerung mit Vorliebe auf-
gesucht werden (vgl. Fig. 2).
Unterhalb Quebec bei Grosse Isle ist die eigent-
liche Mündung des St. Lorenzstromes, d. h. die Stelle,
wo das Süßwasser vom Salzwasser abgelöst ist. Von
hier an bei Montreal ist die Landschaft einförmiger.
Die Berge treten beiderseits zurück, die Ufer des
Stromes werden um so niedriger, je weiter man binnen-
wärts gelangt. Er selbst löst sich öfters in zahlreiche
Arme auf. Gleichwohl ist die Fahrt nicht uninteressant.
Man muss sich nur immer vor Augen halten, dass man
nahezu 300 km weit auf einem Strome mit einem großen
Seedampfer landeinwärts gelangt, und dass der Strom
erst durch Kunst die herrliche Schiffahrtsstraße geworden, die sie heute ist. Mehrfach ist er canalisiert.
Das Eindringen in das Innere des Continents machte
sich durch zunehmende Wärme fühlbar, der 8. August
brachte große Hitze, die um so unerträglicher war, als
wir nur wenige Tage zuvor zwischen den Eisbergen
gehörig gefroren hatten. Im Winter wird es dann aber
bitter kalt; alljährlich gefriert der St. Lorenzstrom,
und zwar so fest, dass man bei Montreal die Eisenbahn
über ihn hinwegführen kann. Eine Einwirkung der
Eisstöße auf die Gestalt des Flussbettes oder auf den
Transport großer Geschiebe vermochte ich aber nicht
zu erkennen. Das Flussbett hat dieselbe Gestalt wie

die wenig vereister Ströme, und der Blockreichthum
an den Ufern beschränkt sich auf die Stellen, wo Geschiebelehm unterwaschen wird. Nur unweit Lothinière
rauscht er zwischen Blockanhäufungen; offenbar quert
er hier eine eiszeitliche Geschiebeanhäufung in seinem
Bette. Am 8. August mittags landete ich nach einer
Dampferfahrt von 5146 km in Montreal. So mannigfach
die Verlockung auch war, in der Umgebung dieser
Stadt zu verweilen, wo ein Stock eines Eruptivge-
steines durch die schwebend lagernden Silurschichten
hindurchbricht, den Mont Royal bildend, der fast
bis zu seinem Gipfel glacialmarine Ablagerungen
trägt, so schien mir doch weit mehr geboten, sofort
nach Detroit zu gehen, um mit den amerikanischen
Forschern zusammenzutreffen. Ich eilte dahin, ledig-
lich in der Hauptstadt Canadas behufs Besichtigung der
Sammlungen der geologischen Untersuchung Canadas
einen .rzen Halt machend. Ich hatte damals schon
die Freude, mit deren Director Herrn George M. Dawson zusammenzutreffen, welcher später die große Excursion quer durch den Erdtheil führte.

In Detroit fand sich die Gelegenheit, die ich im
Stillen erhofft hatte, nämlich unter bewährter Führung
eine Excursion an die Ufer der großen nordamerikanischen Seen zu machen. Das sind Gewässer von meerähnlichen Dimensionen, an deren Ufern die Brandung
ebenso wie an den Gestaden der Oceane Kliffo unter-
wäscht (vgl. Fig. 3) und Strandwälle aufwirft, der

Küstenstrom Haken und Nehrungen anhäuft (vgl.
Fig. 4). Alle diese Erscheinungen sind durch Gilbert
in ausgezeichneter Weise beschrieben worden; es war
mir von großer Wichtigkeit, sie kennen zu lernen,

Fig. 3. Kliffufer des Ontariosees:
Dutch Dome am Steilufer von Scarboro Heights.

sammt einem Kreise von anderen Erscheinungen.
Über der heutigen Uferlinie verlaufen nämlich andere
zu einem früheren höheren Wasserstande gehörige.
Die Untersuchungen von Gilbert, Spencer und Tay-
lor haben ergeben, dass sie nicht parallel zum heutigen Wasserspiegel gelegen sind, sondern ganz regelmäßig nach Nordosten hin ansteigen. Diese That-

sache ist theoretisch von großer Bedeutung, denn
aus ihr kann nur auf ein allgemeines Ansteigen des
Landes geschlossen werden, das im Nordosten kräf-
tiger als im Südwesten war. Amerikanische Forscher

Fig. 4. Kleiner Haken am Lake Ontario
bei Oakville, Ont.

sprechen daher ganz zuversichtlich von großen He-
bungen des Landes, einem wharping, Verbiegen der
Erdkruste, während Ed. Sueß in Europa den einschlä-
gigen Erscheinungen an der skandinavischen Küste
eine andere Deutung gab und sie, allgemeine He-
bungen des Landes in Zweifel ziehend, auf eine Bewegung des Meeresspiegels zurückführte.

Ich hatte das große Glück, dass Grove Karl Gilbert selbst meinen Wünschen entgegenkam und mich in den Kreis der von ihm entdeckten und beschriebenen Erscheinungen einführte. Nachdem ich am 10., 11. und 12. August der Versammlung der amerikanischen Gesellschaft zur Beförderung der Wissenschaft beigewohnt hatte und bereits gelegentlich einer Excursion in der Nähe von Detroit unter Taylors Führung einige ertrunkene Thäler gesehen hatte, war ich am 13. August bereits in Buffalo, um mit Gilbert zusammen zu treffen. Vorerst besuchten wir die Landschaften am Südufer des Ontariosees, dort, wo im Staate New York wie die Finger einer Hand eine Anzahl langgedehnter, schmaler Seen zwischen anmuthigen Ufern liegen, dann reisten wir an das Westende des Ontariosees, um von hier an dessen Nordufer entlang nach Toronto zu gehen.

Gleich der Ausgangspunkt unserer Fahrt bot hier eine interessante Erscheinung. Eine lange Nehrung schneidet das Westende des Ontariosees von diesem vollständig ab, so dass neben dem Binnensee sich ein weites Haff erstreckt; an ihm liegt die aufblühende Stadt Hamilton auf einer Terrasse, welche sichtlich ein altes Seeufer darstellt. Von dieser Terrasse nun läuft wie ein Eisenbahndamm ein 34 m hoher, oben kaum 40 m breiter Wall nordwärts, sumpfiges Land von dem erwähnten Haff scheidend. Er ist in seiner Mitte durchgraben; man erkennt hier, dass er aus grobem Schotter besteht, der auf feinem Sande auf-

ruht, darunter folgt Mergel. Es ist eine jugendliche
Aufschüttung, die hier vorliegt. Die Bewohner von
Hamilton haben über ihren Ursprung keinen Zweifel.
Sie deuten den Wall mit Recht als die Nehrung eines
um 34 m höher stehenden Ontariosees, welcher Hochstand auch den Boden ihrer Stadt schuf. Neben dieser
alten Nehrung verläuft eine jugendliche, die das Westende des Sees in ein großes Haff verwandelt. Von hier
an verfolgten wir nun ununterbrochen die alte Uferlinie,
die Iroquois-Linie Gilberts. Allenthalben ist sie
auf das klarste zu erkennen: hier als ein Kliff, dort als
ein Strandwall, dann wieder entwickelt sie sich zu
Haken oder als Damm — als alte Nehrung — quer vor
kleine Thälchen. So waren wir denn sicher, stets ein
und denselben Hochstand zu verfolgen. Nachdem wir
sie 45 km weit verfolgt hatten, maßen wir bei Cookville
ihre Höhe zu 45 m über dem See, und als ich einige
Tage später mit Professor Coleman die interglacialen
Ablagerungen bei Scarboro Heights besuchte, traf ich
die Iroquois-Uferlinie 69 m über dem See an. Sie hebt
sich also auf eine Entfernung von 75 km Luftlinie um
35 m, also rund um 0·5 m auf 1 km in der Richtung
nach Nordosten. Der alte, durch die Iroquois-Uferlinie
angezeigte Seespiegel ist gegenüber dem heutigen um
fast zwei Bogenminuten geneigt. Es ist ausgeschlossen,
dass eine solche Neigung eines Wasserspiegels bestehen oder dass zur Zeit der Bildung der Iroquois-
linie ein Seespiegel um einen solchen Betrag vom heutigen abweichen konnte. Wir müssen daher annehmen,

dass die Gegend seit Entstehung jener Uferlinie durch
eine Bewegung der Erdkruste schräge gestellt worden
ist. Das ist dieselbe Bewegung, welche die Strand-
linien im St. Lorenzgolfe andeuten. Canadische Geologen haben gefunden, dass hier die marinen Bildungen
in der Richtung nach Südwesten ansteigen. Ihre
größte Erhebung (250 m) erreichen sie in der Gegend
von Quebec. Dort liegt der Mittelpunkt einer großartigen Aufwölbung, die das ganze Gebiet des St. Lorenzstromes mitsammt den großen Seen Nordamerikas
seit der Eiszeit betroffen hat, und welche noch gegenwärtig, wie Gilbert kürzlich zeigte, anhält.

Die Excursion mit Gilbert, sowie einige Aus-
flüge um Toronto unter Professor Colemans Führung,
endlich eine Excursion, welche zahlreiche Mitglieder
der britischen Gesellschaft am 22. August zu den Nia-
garafällen unternahmen, gaben mir vorzügliche Gelegenheit, das Uferland des Ontariosees kennen zu
lernen. Es ist flachwellig und in solchem Umfange
gerodet, dass vom ursprünglichen Urwalde nur kleine
Parcellen übrig geblieben sind. Überall erstrecken sich
wogende Felder; die wohlhabenden Farmen verstecken
sich häufig in Obstgürten, ja unweit der Niagarafälle
wird in Canada sogar mit Erfolg die Rebe gebaut. Der
Boden ist fast allenthalben fruchtbar. Er wird der
Hauptsache nach von den Ablagerungen der eiszeitlichen Vergletscherung gebildet, welche über flach-
gelagerte Silurschichten gebreitet sind. Letztere bestehen am Nordufer des Sees aus Schiefern, am Süd-

ufer aus Kalkstein, welcher eine ähnliche, jedoch
weniger hohe Landstufe bildet wie der schwäbisch-
fränkische Jura. Das ist die Niagarakalksteinstufe, an
deren Fuß der Ontariosee eine ähnliche Lage ein-
nimmt wie das Neckarland am Fuße der Rauhen
Alb. Dort, wo sich auf ihr das Brooksmonument erhebt und ein weiter Umblick öffnet, wies am 22. August Professor William Morris Davis, der ausgezeichnete amerikanische physikalische Geograph, auf
diese eigenthümliche Lage hin. Er führte aus, dass
die Landoberfläche am Ontariosee wie überhaupt im
Bereiche der großen Seen (mit Ausnahme des Lake
Superior) die Züge einer durch subärile Denudation
entstandenen Stufenlandschaft trägt, welche durch die
Vergletscherung nicht sehr beträchtlich modificiert
worden ist, wenn auch letztere, wie die Aufschlüsse
bei Scarboro lehren, sich zweimal wiederholt hat. Sie
hat die alten Abflussrinnen verschüttet, so z. B. ein
Thal, das, von Westen kommend, bei Hamilton in den
Ontariosee mündete. Die Flüsse haben sich daher
neue Wege suchen müssen und haben sie noch nicht
vollständig eingeschnitten. Die mächtigen Fälle des
Niagara sind Zeugen von der Jugendlichkeit seines
Laufes. Er hat die Niagarakalkstufe noch nicht durch-
schnitten.

Die verschiedenen Fahrten am Ontariosee waren
nur ein Vorspiel zu den großen Excursionen, welche
nach Schluss der Versammlung der britischen Gesellschaft für deren Mitglieder und Gäste veranstaltet

wurden. Es waren ihrer vier. Alle hatten als Ziel
die Insel Vancouver an der Westküste der britischen
Herrschaft von Canada, wohin gleichzeitig alle die
zahlreichen Theilnehmer zu befördern nicht bloß tech-
nisch unmöglich, sondern auch aus wissenschaftlichen
Gründen unthunlich gewesen wäre. Denn eine wissen-
schaftliche Excursion ist immer nur bei einer be-
schränkten Theilnehmerzahl lehrreich. So wurde denn
die Gesellschaft in Gruppen getheilt, welche jeweils
einen Fachmann als Führer erhielten. Die eine ver-
ließ Toronto bereits am 26. unter der Leitung von Dr.
William Saunders, dem Director der experimentellen
Farme von Canada. Ihr schlossen sich namentlich
Botaniker und Zoologen an. Tags darauf brachen die
Geologen und Geographen auf. Wir hatten als Führer
den ausgezeichneten Geologen Canadas, Doctor G. M.
Dawson, welcher der dortigen geologischen Untersuchung mit ebensoviel praktischer Umsicht wie weitem wissenschaftlichen Blicke vorsteht. Er hat große
Strecken unserer Reise selbst aufgenommen, und da
der Geologe in Amerika in der Regel auch topographi-
schen Beobachtungen obliegen muss, so war er nach
jeder Richtung hin der competente Führer durch ein
weites Gebiet, dessen geographische Züge von ihm mit
großer Klarheit erkannt worden sind. Dabei persön-
lich von größter Liebenswürdigkeit und stetem Ent-
gegenkommen, machte er unsere weite Fahrt zu einer
in jeder Hinsicht genussreichen. Ihm zur Seite stand
Dr. Coleman, Professor der Geologie zu Toronto und

Staatsgeologe der Provinz Ont rio, welcher gleichfalls
große Strecken unserer Route durch eigene Untersuchungen kennt. Die canadische Pacificbahn för-
derte uns durch weitgehende Begünstigungen und
stellte uns einen großen Schlafwagen zur Verfügung,
in welchem wir die nächsten neun Tage lebten. Wir
waren unser 27. Ich nenne von ihnen den früheren
Director der geologischen Untersuchung von Indien,
Dr. Blanford, Herrn Lamplugh von der geologischen Anstalt in London, den Mineralogen Professor
Miers von Oxford, den Professor für Bergwesen und
Bergwerksinspector Le Neve Foster, den Erforscher
von Kafiristan Sir George Robertson und den der
Amurländer Fürst Krapotkin; ferner die Secretäre
der geographischen Gesellschaften von London und
Edinburgh, Dr. Scott Keltie und Colonel Bailey, den
Bibliothekar der Londoner Gesellschaft, Dr. H. R.
Mill, den Professor der Geographie von der Harvard
Universität, Dr. W. M. Davis, den Director des natur-
historischen Museums von Manchester, Dr. Hoyle,
den Chemiker Professor Armstrong und die Tech-
niker Professor Beare und Dr. Harden aus London,
sowie den Breslauer Physiologen Professor Hürthle.
Unsere beiden Führer wurden von den an der Strecke
arbeitenden canadischen Geologen unterstützt. Es er-
wartete uns in Sudbury Herr A. E. Barlow, und auf
der Fahrt nach Rat Portage erreichte uns Herr Mc. In-
nes. In Banff endlich trafen wir mit Prof. Macoun, dem
Botaniker der geologischen Landesanstalt, zusammen.

So war denn alles aufgeboten, um uns in kurzer Zeit außerordentlich viel zu zeigen. Wir selbst waren eine fachlich nicht zu einseitige, aber durchweg lernbegierige Gesellschaft. Die Frauen und Töchter einiger Theilnehmer begleiteten uns und nahmen freundlichen Antheil an den herrlichen landschaftlichen und großartigen wissenschaftlichen Eindrücken, die wir genossen.

Es gieng zunächst nordwürts, um die Linie der canadischen Pacificbahn zu erreichen. Das reich bebaute Land vom Nordufer des Ontariosees wurde bald verlassen und eingetreten in den ungeheuren Urwald, welcher sich nördlich der großen Seen bis zur Hudsonsbai hin erstreckt. Die Grenze zwischen den flachgelagerten silurischen Schichten und ihrer Unterlage, den uralten laurentischen und huronischen Gesteinen hat der weitgehenden Rodung halt geboten und wird dies voraussichtlich auch in Zukunft thun. Das laurentische Land ist durch die eiszeitliche Vergletscherung abgeschliffen, nackter Fels tritt in glatten Felsbuckeln ausgedehnt zum Vorschein, dazwischen erfüllt loses Geschiebe und Blockwerk die Niederungen. Das Gestein aber liefert nicht den fruchtbaren Boden wie die silurischen Schiefer und Kalke; es ist schwer verwitterbar, und es ist seit der Eiszeit noch kaum zur Bildung einer Bodenkrume gekommen. Dabei ist das Klima sehr t··· ··· Es walten hier dieselben Verhältnisse ob wie in Schweden und Finnland, und an beide Länder mahnt auch die Gestaltung des weiten lauren-

tischen Waldgebietes. Unregelmäßig erheben sich rund-
höckerige Berge von mäßigen Höhen, nur da und dort,
wo sie sich an besonders widerstandsfähige Gesteine
knüpfen, reihenförmig angeordnet. Dazwischen erstrecken sich sumpfige Flächen oder gelappte insel-
reiche Seen, die einzigen natürlichen Unterbrechungen
des riesigen Waldes, in welchem wir nahezu 48 Stunden, beinahe 2000 km weit fuhren.

Der Besuch zweier Bergwerksgebiete gab am 28.
und 30. August Gelegenheit, die lange Fahrt zu unter-
brechen. Bei Sudbury, dort, wo sich von der canadischen
Pacificbahn die Soolinie nach Minneapolis abzweigt,
ist ein reiches Eisenkieslager an der Grenze zwischen
den huronischen und laurentischen Gesteinen entwickelt. Es enthält neben dem Eisen Kupfer sowie vor
allem Nickel und wird gegenwärtig schwunghaft ausgebeutet. In der Nähe wurde jüngst in eigenthüm-
lichen alten Schiefern Anthracit gefunden, auf das die
Bewohner von Sudbury wohl übertriebene Hoffnungen
setzten. Es wurde uns von unseren liebenswürdigen
Wirten dringend nahegelegt, dahin zu gehen. Eine
Locomotive brachte unsern Schlafwagen einige Kilometer weit vorwärts, mitten auf der Strecke wurde
gehalten und nun auf ziemlich holperigen Wegen auf
federnlosen Wagen weiter geeilt, bis wir den Vermilion Creek erreichten. Hier vertheilten wir uns auf
eine Anzahl von indianischen Canoes und schweren
Booten, um zum Vermilionsee zu rudern. Die ganze
Poesie der Lederstrumpferzählungen wurde mir mit

einemmale wieder lebendig, als ich auf dem ruhigen
Wasserspiegel zwischen dem Urwalde vorwärts glitt.
Dann gieng es auf schmalem Indianerpfade, einem so-
genannten Trail, in den hohen Wald hinein, bald hieß

Fig. 5. Pfad im Urwalde nördlich des Vermilionsees
bei Sudbury, Ont., Canada.

es gefallene Baumstämme überklettern, bald unter
ihnen hindurchklettern (vgl. Fig. 5), bis wir mitten
im Walde die Stelle erreichten, wo man eben im Be-
griffe war, einen Schacht zu teufen. Da stand unter
ehrwürdigen Bäumen eine stampfende Locomobile, und
mehrere Männer arbeiteten mitten in der Waldeinsam-
keit an einem, wie mir scheint, hoffnungslosen Unter-

nehmen. In der Nachbarschaft aber hatten sich, auf
gutem Alluvialboden, bereits einige Siedler einge-
funden. Der Wald war niedergebrannt, nur noch
einige verkohlte Baumstrünke erhoben sich; einfache
Blockhäuser waren errichtet, in denen ein gewisser
Wohlstand herrschte. Auch ein Schulhaus begegneten
wir auf der Rückfahrt mitten im Walde.
Bei Rat Portage tritt abermals an der Grenze
huronischer und laurentischer Gesteine Gold auf. In-
folge dessen ist die kleine Stadt am Nordende des Lake
of the Woods in raschem Aufschwung begriffen, und
der See wird mit zahlreichen Dampfern befahren.
Liegt doch das Hauptvorkommen auf einer kleinen
Insel im See; diese Sultanamine war das Ziel einer Excursion, um deren Zustandekommen die Municipalität
von Rat Portage sich nicht geringere Verdienste er-
warb wie zwei Tage früher die von Sudbury für den
Ausflug an den Vermilion Lake. Ein kleiner Dampfer
brachte uns durch das Gewirre von Inseln und engen
Passagen hindurch an Indianerlagern und Begräbnis-
plätzen vorüber bis zur Sultana, wo vornehmlich Skan-
dinavier arbeiteten. Wir hielten ein fröhliches Pick-
nick, besichtigten die Erzgänge und das Pochwerk,
worauf die Rüstigen der Gesellschaft auf die höchste
Kuppe des bereits größtentheils abgeholzten Eilandes
eilten. Von oben ein weiter, ergreifender Rundblick,
von dem Fig. 6 einen Ausschnitt wiedergibt, der gleich
den vorhergehenden Figuren und der nächstfolgenden
nach meinen Aufnahmen mit einem jener bequemen

24*

Bull's Eyes Kodaks hergestellt ist, die die Eastman
Kodak Company in Rochester N. Y. anfertigt und die
dem eiligen Reisenden sehr zu empfehlen sind. Der
See im Walde, Waldinseln in ihm, ähnlich der unseres

Fig. 6. Aussicht vom Gipfel der Sultana Mino-Insel
im Lake of the Woods.

Standpunktes als glatt abgeschliffene Rundhöcker sich
erhebend, darüber ein wolkenloser Himmel. Gegen
Abend fuhren wir noch zu einem kleinen Eilande, wo
eigenthümliche Breccien in den huronischen Schiefern
auftreten, sogenannte Agglomerate, während uns am
nächsten Morgen Professor Coleman in der Stadt Rat
Portage huronische Conglomerate zeigte. Sie sind

auf der Oberfläche der Rundhöcker ohne weiteres als solche zu erkennen, aber es gelingt nicht, Handstücke von ihnen zu schlagen. Sie machen unzweifelhaft, dass das Material der huronischen Schiefer hier bei Zerstörung eines alten Landes entstanden ist. Es liegt unzweifelhaft eine klastische Formation vor. Der sogenannte laurentische Gneis aber machte auf mich den Eindruck eines in der Tiefe erstarrten Massengesteines, eines gebankten Granites, etwa wie der Centralgneis der Alpen. Das Goldvorkommen der Sultanamine erinnerte mich daher lebhaft an das der Hohen Tauern. Auch dort hat man das Gold an der Grenze zwischen gebanktem Granit und dunklen Schiefern, die aufs Haar den huronischen Canadas gleichen, den sogenannten Neunern. Die Vorkommnisse selbst erschienen mir daher durchaus nicht merkwürdig, bewundern musste ich nur, wie man sie finden konnte. Gleiches gilt von den Nickel- und Anthracitvorkommnissen Sudburys. Nur ein ganz eingehendes Durchsuchen der Gegend konnte zu ihrer Aufdeckung führen. Ein solches Durchsuchen findet in der That durch die „Prospectors" statt, welche Nordamerika nach allen Richtungen bis in die entlegensten Urwälder auf der Suche nach Eisen und Kohlen durchstreifen.

Zwischen Sudbury und Rat Portage wurde der landschaftlich schönste Theil des bei so manchen Reizen im allgemeinen einförmigen laurentischen Landes berührt. In der Nacht vom 28. auf den 29. August wurde die etwa 400 bis 500 m hohe Wasserscheide zwischen dem Ottawaflusse und dem Oberen See überschritten, und dieser wurde am Nachmittag des nächsten Tages erreicht. Das laurentische Land überragt ihn um 200 bis 300 m, und füllt gegen ihn mit einem stark zerfransten Abfall ab. Seine Thäler sind theilweise untergetaucht, tief greifen die Buchten des Sees in das Land hinein. Die Eisenbahn schlängelt sich ungefähr 300 km weit an seinem Gestade entlang. Bald tritt sie auf Vorgebirge hinaus, von denen sich ein entzückender Ausblick auf den meerähnlichen See öffnet, der mehr Quadratkilometer deckt als Böhmen, Mähren und Schlesien zusammengenommen, bald umgeht sie anmuthige Buchten, in denen dann und wann freundliche Häfen erblühten. Ihren Weg bahnten ihr aber die Brandung früherer Hochstände des Sees; das ganze Ufer bis etwa 120 m über seinen Spiegel ist auf das deutlichste durch alte Uferlinien terrassiert; da findet man an den Vorgebirgen Brandungskehlen, in den Buchten Schotteranhäufungen. Es ist der Abfall eines Gebirges, an dem man entlang führt. Von der Nipigonbai aber ändert sich die Scenerie. Es legen sich vor die laurentischen Höhen mit ihrem unregelmäßigen Auf und Ab ruhig geformte Tafelberge. Sie bestehen aus schwebend gelagerten Schichten vorcambrischen Alters, denen mächtige Decken von „Trapp" eingelagert sind. Die Grenze nun zwischen dem Materiale dieser Tafelberge und den laurentischen Gesteinen ist höchst merkwürdig. Letztere setzen sich nämlich, wie man bei der Station Mazokama sieht, mit ihrer un-

.gelmäßigen Oberfläche unter jene fort. Man erhält den Eindruck, dass der Typus ihrer charakteristischen Unebenheit schon aus präcambrischen Zeiten datiere. Gleiches zeigt sich im Nordwesten Schottlands, wo die unregelmäßig wellige Oberfläche des „alten Gneises" unter der schwebend gelagerten Decke des torridonischen Sandsteines untertaucht. Mit diesem haben auch die geschichteten Gesteine der Nipigeonbai die größte Ähnlichkeit. So haben wir denn in zwei weit von einander entfernten Theilen der Erdoberfläche Andeutungen einer vorcambrischen, wieder erneuerten Landoberfläche.

Nach Westen zu taucht die laurentische Rundhöckerlandschaft allmählich unter jüngeres Schuttland unter. Zugleich tritt der Baumwuchs zurück, er beschränkt sich mehr und mehr auf die einzeln aufragenden Rundhöcker und verschwindet mit ihnen endlich ganz. Das Wiesenland, das sich zunächst nur längs der Schwemmlandpartien einstellte, beginnt zu herrschen. Etwa in einer Stunde Eisenbahnfahrt vollzieht sich dieser Übergang vom Urwalde zur Prärie; Rat Portage steckt noch mitten im Walde, Winnipeg, die Hauptstadt der Provinz Manitoba, liegt inmitten der weiten Wiesenflächen, welche den Boden des ehemaligen Agassizsees einnehmen. Das ist ein vorzügliches Ackerland mit Weizenboden erster Güte. So unermesslich vorher der Wald, so weit dehnen sich nun die Felder, nur längs der Flüsse von Auenwäldern unterbrochen. Das Land als alter Seegrund liegt eben

da wie der Tisch; die Eisenbahn, welche sich im laurentischen Lande um alle die zahlreichen Berghöcker
fortwährend in Windungen hindurchzuschlüngeln hatte,
verläuft geradlinig, wie mit dem Lineale gezogen, und
hat man im Walde etwa alle Stunden einmal, nicht
etwa an Dörfern, sondern bei der üblichen Häusergruppe
Stationshaus, Kaufladen und Gasthaus gehalten, so berührt man nun wohlhabende Dörfer mit häufig skandinavischen Bewohnern, und etwa alle 20 Minuten hält
der Zug an einer Station, an deren Seite sich ein
mächtiger Getreidespeicher, der sogenannte Elevator
erhebt. Die Ernte ist eben vorüber. Die Felder sind
im Laufe einer Woche gemäht, bereits ist das Korn
gedroschen, die Elevator sind gefüllt. Darüber ist die
Nachricht von einer Missernte in der Alten Welt ein-
getroffen. Es herrscht nun Freude in Manitoba. Man
spricht von Millionen, die in das Land strömen sollen.

Etwa 100 *km* weit geht die Fahrt über den nahezu ebenen Boden des alten Agassizsees, ohne dass die
Bahn von den 210 *m* Meereshöhe, auf die sie bei
Winnipeg herabstieg, bis auf 250 *m* käme. Dann aller-
dings beginnt eine fühlbare Böschung. Es muss die
Landstufe der Kreideschichten, welche sich durch
den westlichen Theil der Provinz Manitoba hindurch-
zieht, erstiegen werden. Man ist bald in 500—600 *m*
Höhe und hält sich 500 *km* weit in diesem Niveau,
unter das man in den Flussthälern kaum herab- und
über das man auf den Wasserscheiden kaum unwesent-
lich hinaufkommt. Der Boden ist nach wie vor frucht-

bar; Geschiebelehm herrscht. Er wird eben unter
den Pflug genommen. Hie und da trifft man schon auf
hoffnungsvolle Siedlungen, so Regina, die Hauptstadt
des Districtes von Assiniboia. Weiter westlich ändert
sich das Land. War es bisher eben bis flachwellig gewesen, so wird es nun hügelig. Es besteht aus einer
Menge dicht gedrängter haufenähnlicher Erhebungen,
zwischen denen sich flache Wannen erstrecken. Man
erkennt auf den ersten Blick, dass das Missouricoteau, das man zwischen Mortlach und Ernfold kreuzt,
eine echte Morünenlandschaft ist. Aber wie anders
nimmt sie sich hier aus, wo sie in trockenem Klima
liegt, als bei uns in reichbenetztem Lande. Da ist
kein Weiher, keine Lache, kein Moos zwischen den
Hügeln, da ist kein Wald auf den letzteren, ja kein
Baum, kein Strauch; kein Bächlein windet sich durch
das Gelände: es ist einförmiges Auf und Ab, mit trost-
loser Steppe bedeckt. Meilenweit ist der dürre Pflan-
zenwuchs abgebrannt. Schwarz ist das Land von
seinen verkohlten Resten; nur die weißen erratischen
Blöcke leuchten aus der schwarzen Fläche gespenstig
hervor. Da und dort, wo in flachen Wannen sich
Wasser längere Zeit zu halten vermochte, etwas Grün,
weiß überkrustete Flächen daneben sind der Rückstand
einer verdunsteten Salzlache. Eine Gruppe größerer
solcher Salzseen, die Altweiberseen, hält sich jahraus
jahrein; der Boden eines nunmehr trocken gelegten
Süßwassers es (Rushlake) dient als Farm. Meilenweit
sieht man kein Haus, stündlich etwa einmal hält der

Zug an einer ärmlichen Station. Auch sonst ist das
Land wie ausgestorben, seitdem man die Büffelherden,
die es einst bevölkerten, gemordet hat. Bei den Stationen sieht man ganze Haufen von Gebeinen dieses
Thieres, welche auf der Steppe aufgelesen wurden und
nunmehr zu Knochenmehl vermahlen werden sollen.
Die Öde und Nacktheit des Landes aber ermöglicht
selbst im Vorüberfahren einen Einblick in seine Structur zu gewinnen. Man erkennt deutlich mehrere
Gruppen von Moränenwällen, vor welchen jeweils eine
Schotterfläche liegt. Das erinnert lebhaft an alpine
Verhältnisse; das ganze Missouricoteau aber kam mir
wie eine ausgetrocknete baltische Seenplatte vor.

Dieser gewaltige Endmoränenwall bezeichnet
gleich seinem europäischen Seitenstück nicht das Ende
der Moränenbildungen überhaupt. Noch ganze 500 km
weiter westwärts bis an die Fußhügel der Rocky Mountains findet sich erratisches Material laurentischen Ur-
sprungs, findet sich Geschiebelehm mit Scheuersteinen.
Aber die Herrschaft dieser Glacialgebilde in Bezug auf
die Oberflächenformen ist vorüber. Sie ordnen sich
nunmehr den großen Zügen der Geländegestaltung
unter, welche durch die schwebend gelagerten Kreide-
und die ihnen aufgesetzten Alttertiär-(Laramie-)
Schichten bedingt werden. Letztere bilden Bergtafeln
zwischen den Thälern, wie z. B. die Cypressenhügel,
welche in weitem Umkreise den einzigen Wald tragen.
Eine Zone lössbedeckter Moränen aber fehlt; der Löss
reicht in Amerika gleichwie in Europa nur in geringe

Höhen von 300—400 m. Vom Missouricoteau, welches eine über 100 m hohe Stufe bezeichnet, hält man sich aber auf der canadischen Pacificbahn im wesentlichen über 700 m; nur bei Medicine Hat, wo man den Saskatchewan kreuzt, kommt man auf 655 m herab. Das ist das große Steppenland am Ostfuße des Felsengebirges, ein Land, das die besten Vorbedingungen für den Viehzüchter darbietet. Das Rindvieh löst hier den Büffel ab, welcher ausgerottet ist. Auf den schier unermesslichen Gefilden sieht man noch Horden von Indianern mit Wagen, Pferden und etwas Vieh auf ihren breiten Pfaden wandern. Das ist aber nur eine Art Staffage in einer Natur, die bei aller Einförmigkeit doch einen tiefen Eindruck selbst auf den flüchtigen Reisenden macht. Wenn die Sonne sinkt und ihre scheidenden Strahlen die dürren Hügel mit dunkler Glut übergießen und die Schatten der Nacht in die Niederungen schleichen, während der westliche Himmel noch in hellem Golde erstrahlt, dann erhält man das Gefühl unbeschreiblicher Großartigkeit dieser Scenerie und lernt begreifen, dass der Steppenbewohner sein dürftiges Land kaum minder liebt als der Schiffer die See. Es liegt etwas Meerähnliches in dieser Landschaft.

In der Nacht vom 1. zum 2. September wurde in Calgary unser Schlafwagen von dem transcontinentalen Zuge abgekoppelt, um dann nach Tagesbeginn als Sonderzug in das Felsengebirge geführt zu werden. Klar und scharf zeichnete es sich am westlichen Hori-

zonte der Hauptstadt des Districtes von Alberta, eine
zerrissene felsige Wand, wahre Rocky Mountains
bildend. Könnte man sich die Karwendelketten unmittelbar an den Rand der oberbayerischen Hoch-
ebene gerückt denken, so erhielte man einen ähnlichen
Anblick, wie wir ihn bei der Weiterfahrt theils von
den Fenstern unseres Schlafwagens, theils von den Aus-
sichtsfenstern des Zugführerwagens (Caboose), theils
endlich von der Locomotive genossen, wo überall sich
Mitglieder unserer Partie postiert hatten, um das großartige Gebirge zu bewundern. Seine Nähe kündete sich
auch im geologischen Bau des Geländes, das wir durch-
maßen. Schichten des Kreidesystems, welche uns bisher in flacher Lagerung begleitet hatten, erschienen
aufgerichtet und stellenweise gefaltet. Sie bilden parallel zum Gebirge einige nicht allzuhohe Rücken, die
sogenannten Fußhügel, welche das Gebirgsvorland er-
setzen. Nach einer Fahrt von 80 *km*, während der wir
am Bowflusse nur um 200 *m* über Calgary, nämlich bis
auf 1250 *m* angestiegen waren, hielten wir auf offener
Strecke am Fuße der Rocky Mountains. Vor uns erhoben sich seine nackten, kahlen Wände 1000 bis
1500 *m* hoch. Sie bestehen meist aus paläozoischen
Kalken, welche einige Kilometer weit über die Kreideschichten der Fußhügel hinweggeschoben worden sind.
Dabei sind sie in verworrener Weise zusammengepresst
worden, während jene gerade hier nur wenig gestört
worden sind. Man sieht am Rande des Felsengebirges
alte Gesteine einige Kilometer weit über jüngeren,

Fig. 7. Die Aufschiebung von Kananaskis.

Paläozoische Schichten, die Höhen links und den Gipfel des Einzelberges rechts bildend, darunter Kreideschichten, welche die dunklen Gehängepartien rechts unter den bleichen Wänden bilden.

das Untere ist zu oberst gekehrt, und diese Thatsache verleiht dem Profile von Kananaskis besonderes Interesse. Es wird in Fig. 7 zum ersten Male nach einer photographischen Aufnahme von der Station Kananaskis aus abgebildet.

Nach kurzem Aufenthalte gieng es durch die Pforte des Bowflusses „The Gap" in das Gebirge, das hier von einer seltenen Regelmäßigkeit des geologischen Aufbaues ist. Jede Bergkette stellt ein Packet devonisch-carbonischer Schichten dar, das im Osten gehoben ist und nach Westen hin fällt; es wiederholt sich daher dieselbe Schichtfolge zu wiederholtenmalen, so wie es für die Isoklinalstructur typisch ist. Zwischen diesen paläozoischen Schichtpacketen erstreckt sich eine Mulde von Kreideablagerungen, dem der Bowfluss eine Strecke weit, bis in die Gegend von Banff hin folgt. Ihr sind von Westen her abermals die paläozischen Schichten aufgeschoben, wie man am Profile des dreigipfeligen Berges, welcher den Namen der drei Schwestern, Three Sisters trägt (2957 m), deutlich erkennt. Unweit davon liegt der höchste Berg des Gebietes, der Wind Montain, mit 3170 m. Diese hohen Gipfel zeigen Hochgebirgsformen. Die dazwischen gelegenen Thäler sind breit und flachbodig mit Moränen ausgekleidet. Letztere schmiegen sich an den Abfall der Berge und böschen ihn in regelmäßigen Curven ab. Dabei tragen sie den schönen Hochwald der Gegend, dessen äußerste Vorposten bis auf 2400 m heraufsteigen; er reicht also etwas höher als in den 4° weiter südlich gelegenen Centralalpen. Dauernde Schneefelder beschränken sich auf die Umgebung der allerhöchsten Punkte. In dieser Gegend liegt der canadische Nationalpark; sein Mittelpunkt ist das Städtchen Banff, wo unsere Excursion am 2. September weilte. Bald nach

Fig. 8. Gipfel des Sulphur Mountain bei Banff.

unserer Ankunft eilten die Rüstigeren auf den Sulphur Mountain (2270 m). Er ist ein typischer Isoklinalberg, nach Osten jäh mit seinen Köpfen abbrechend, nach Westen minder steil mit seinen Schichtenflächen abfallend, die dem Carbon angehören dürften (ich fand oben einen *Productus*). Sein Gipfel ist gerundet, wie unsere Fig. 8 nach einer photographischen Aufnahme von Prof. W. M. Davis erkennen lässt; die eiszeitlichen Gietscher giengen über ihn hinweg und hinterließen Moränenreste. Im Osten liegt zu seinen Füßen 900 m tiefer das waldreiche Spraythal. Hier sprudelt jene warme Quelle auf, die dem Berge den Namen des Schwefelberges eingetragen hat. Sie bezeichnet wohl die Bruchlinie, östlich welcher die Schichten wieder zum Rundleberge (2980 m) aufschnellen. Im Westen erhebt sich jenseits des waldigen Sundancethales abermals eine Isoklinalwelle, die Bourgeaukette (2990 m). Hier sind Kare in den Bergrücken eingeschnitten, zwischen ihnen steigt der Wald an den Bergflanken viel weiter empor als im Bereiche ihrer schutterfüllten Böden. Ein Stück Querthal des Bowflusses schneidet die Kette des Sulphurberges und seiner Nachbarn gegen Nord ab. Jenseits des breiten, waldigen Thalgrundes, in dem der Fluss sich in zahlreichen Windungen dahinschlängelt und mehrfach an Seen aufgestaut ist, erheben sich neue Isoklinalberge, darunter die herrliche Felsgestalt der Cascade Mountain (2986 m). Das Querthal selbst setzt sich nach Osten fort; es wird jedoch vom Bowflusse dort verlassen, wo er die erwähnte Mulde von Kreidebildungen erreicht. Offenbar folgte er einst diesem Thale durch die Teufelspforte auf die Ebene hinaus. Der prächtige Wasserspiegel des Minnewankesees bezeichnet eine Strecke weit seinen verlassenen Lauf.

Lange verweilten wir, versunken in die großartige Schönheit der Rundsicht, auf dem Haupte des

Sulphur Mountain. Die fast geometrische Regelmäßigkeit des Schichtbaues, welche nur da und dort, z. B.
am Cascade Mountain durch leichte Biegungen verräth,
dass sie auf einen Faltungsvorgang zurückzuführen ist,
regte mächtig zum Nachdenken über das schwierige
Problem der Gebirgsbildung an, nicht minder aber
fesselten den Geomorphologen die Regelmäßigkeit der
äußeren Form, der Wechsel von nahezu geradlinigen
Längs- und Querthalstrecken und manche Einzelheit
im Verlaufe der Thäler. Wird doch ein letzter Vor-
sprung des Rundleberges durch den Bowfluss als Tun-
nelberg gänzlich isoliert. Allgemein gieng die Meinung
dahin, dass kaum ein schöneres Feld für stratigraphisch-
geologische, geotektonische und geomorphologische Ein-
zelstudien gedacht werden kann als die Umgebung von
Banff. Die Grundlagen dazu sind durch die topographi-
sche und geologische Untersuchung Canadas bereits
gegeben: erstere schuf eine verdienstliche Specialkarte
des Nationalparkes im großen Maßstabe von 1 : 40.000,
letztere ließ durch R. G. Mac Connell ein Querprofil
durch das ganze canadische Felsengebirge aufnehmen,
welches die Gegend von Banff schneidet, und Dawson
selbst untersuchte die benachbarte Kreidemulde. Dabei bietet das Hôtel der Pacificbahn ein Standquartier,
dessen Comfort verwöhnteste Ansprüche befriedigt.

Von Banff führt die Eisenbahn weiter am Bowflusse
aufwärts; nur eine Strecke weit im oben erwähnten
Querthale, dann wieder in einem Längsthale, das dicht
neben der wasserscheidenden Kette des Felsengebirges

verläu't. Man sieht im Westen ihre stolzen Schnee-
häupter, welche 3000 m Höhe nunmehr regelmäßig
überschreiten und an ihren Schultern beträchtliche
Gletscher tragen. Mont Lefroy 3353 m ist der höchste
von ihnen. Dass sich die Kette weiter nördlich im
Mount Hooker auf 4785 m, im Mount Brown gar auf
4880 m erhebe, wie unsere Karten angeben, wird von
Sulzer und Huber entschieden bezweifelt, bei ihren
Bergfahrten in der Selkirkkette sahen sie nirgends
derartige Riesen aus den Rockies sich erheben. Der
Hectorpass, eine schmale enge Pforte von 1614 m Höhe,
ermöglicht den Übergang aus dem Gebiete der Hudsonsbai in das des Pacific. Diese Höhe wird von Osten un-
schwer erreicht. Man folgt dem Bowflusse bis Laggan
(1503 m), ohne wesentliche technische Schwierig-
keiten überwinden zu müssen, mit einer mittleren
Steigung von nur 2·8 $^0/_{00}$. Auch dann gilt es nur
11 km weit auf 111 m ansteigen, und man ist auf einem
Tiefsattel, in dem sich Schuttkegel breit machen.
Dann aber heißt es in nur 13 km 348 m herabsteigen.
Das ist zweifellos das großartigste Stück an der ge-
sammten canadischen Pacificbahn, wo der Zug in
$^3/_4$ Stunden Fahrtzeit mit einem Gefälle von 27 $^0/_{00}$
die ganze Höhe wieder verliert, die er vom Fuße des
Felsengebirges an gewonnen. Langsam gleitet er die
steile Böschung herab, unaufhörlich ist das Schleifen
der Bremsen. Mühsam ist ihm an den steilen Fels-
wänden Raum gewonnen, die zum schäumend daher-
brausenden Flusse des „Ausschlagenden Pferdes" (Kick-

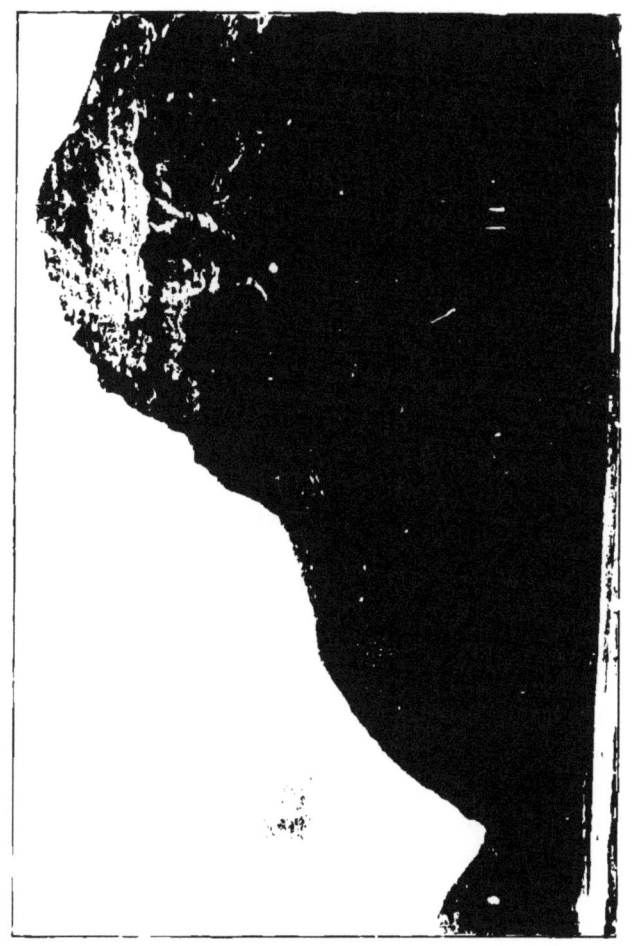

Fig. 9. Mount Stephen (3188 m) mit der Station Field.

ing Horse River) herabfallen, er durchbohrt sie in Tunnels und springt von einer zur andern auf hohen Brücken. Je tiefer es herabgeht, desto höher wachsen die Berge an; wo bei Field wieder Halt gemacht wird, hat man die schön geformte Pyramide des Mount Stephen (3188 m) beinahe 2000 m dicht über sich. Unsere Fig. 9 zeigt diese großartige Scenerie; sie ist gleich den folgenden nach photographischen Aufnahmen von Macmum hergestellt.

Der Schichtbau dieser höchsten Partien des canadischen Felsengebirges ist ein verhältnismäßig einfacher. In ungeheurer Mächtigkeit treten hier cambrische Schichten in wenig gestörter Lagerung zutage. Die Berge erinnern daher einigermaßen an die Ampezzaner Dolomiten, ihr Name deutet mehrfach ihren architektonisch regelmäßigen Aufbau an: da haben wir einen Castleberg und einen Kathedralberg. Dem Bergsteiger bieten sie schwierige Probleme; in der Gegend von Laggan haben sich die ersten Unglücksfälle der canadischen Hochtouristik ereignet. Weiter westwärts, in der Nähe des Columbiaflusses wird der Gebirgsbau wieder unregelmäßiger. Das Schichtfallen wird steiler und ist fast ausschließlich ein östliches. Zugleich treten eingeklemmt in die cambrischen Ablagerungen silurische auf. Hiernach ist die Structur des Felsengebirges im großen und ganzen die folgende: Jüngere paläozoische Schichten, Devon-Carbon im Osten und Silur im Westen fallen beiderseits nach der Mitte des Gebirges hin ein, und hier herrschen die

Fig. 10. Columbiathal, Mündung des Blue Waters, westlich von Donald.

ältesten paläozoischen Gesteine in schwebender bis
flach gewellter Lagerung. Dies gilt aber nur für die
Rocky Mountains in Canada. Dort, wo ich sie südlich
der canadischen Grenze auf der Great Northern Rail-
road wieder überschritt, fand ich nur östlich fallende
Schichten. Die ganze Zone des Gebirges von Banff
fällt am Mariaspass.

Im Thale des Kicking Horse River geht es von
Field zunächst müßig steil abwärts, und man genießt
von der sich vielfach krümmenden Bahnlinie mehrfach
herrliche Ausblicke auf stolze, gletschertragende Häupter des Felsengebirges. Dann tritt man in eine enge
Schlucht ein, deren Wände sich dräuend mehrere
hundert Meter hoch erheben. Die Eisenbahn ist der-
maßen gewunden, dass man gelegentlich den ganzen
Zug vom Wagenfenster aus überblicken kann. Nirgends
Orte, die Stationen sind bloße Wächterhäuser. Da mit
einemmale ein anderes Bild. Man tritt aus der Enge
heraus in das nur 770 m hoch gelegene Thal des Columbiaflusses. Es ist, wie Fig. 10 zeigt, weit und breit,
an seinen Gehängen ziehen sich, wie die Mittelge-
birge im Inn- und Etschthale, breite Terrassen entlang,
dichter Wald bekleidet seinen Boden, den der Fluss
in vielen Windungen durchmisst. Man hat den Eindruck, eine wichtige Scheidelinie im Gebirge erreicht
zu haben. In der That hat man im Osten das ausschließlich aus paläozoischen Schichten zusammenge-
setzte Felsengebirge, während sich im Westen die verschiedenen Ketten erheben, welche Dawson als die

Goldketten bezeichnet. Sie bergen die reichen Goldlager der südlichen Britisch Columbia, so vor allem
das Kootenaygebiet, welches kürzlich in Aufnahme
kam, und wo die Stadt Roßland in beispiellos kurzer
Zeit entstand, sowie das ältere Gebiet von Cariboo.
Auch das Klondyke des Nordens, welches im letzten
Sommer in Aufnahme kam und ganz Amerika elektrisierte, scheint dieser Zone anzugehören. In ihr
kommen neben uralten Sedimenten vielleicht vorcambrischen Alters auch archaische Gesteine vor.
Unsere Scheidelinie lässt sich morphologisch weithin
verfolgen. Von Donald, wo wir ihrer Bedeutung so
recht innewerden, verfolgen wir sie auf der Karte
nordwestwärts 700 km weit als eine große Längsthalflucht, welcher der Oberlauf des Fraser und Peace
River angehören, und südostwärts zum oberen Kootenay und dann in das Flathead River-Thal, wieder
mindestens 600 km weit. Das ist ein großartiges Seitenstück zu der großen Thalflucht, welche die nördlichen
Kalkalpen von den Centralalpen scheidet, und dieser
steht sie auch in landschaftlicher Beziehung nahe.

Hatte die Fahrt durch das Felsengebirge mich
mehrfach an die Kalkalpen, sei es an die Ketten der
Nordtiroler Alpen, sei es an die Kofel der Dolomiten
erinnert, so mahnte mich die Fortsetzung der Reise
durch die erste der Goldketten, durch das Selkirkgebirge, mehrfach an die Brennerroute. Die Eisenbahn
tritt durch eine enge Klamm, wie solche, wie es scheint,
regelmäßig an der Mündung der Seitenthäler des Co-

lumbiaflusses auftreten, in das Beaverthal ein. Dann
wird am Gehänge des breiter gewordenen Thales auf-
gestiegen, ein Nebenthälchen eingeschlagen, und nach
einem auf 32 km vertheilten Anstieg von 540 m hat
man den Rogerspass (Höhe 1310 m) erreicht; eine tiefe
Einsattlung im Gebirge; beiderseits streben prall die
Berge bis an 2700 m und 2800 m Höhe auf. Ein Ausweg
erscheint zwischen den jähen Wänden kaum möglich;
da mit einemmale biegt der Zug um eine Ecke, und tief
unter ihm erscheint der Illecillewaetfluss, zu dem er
nun in großen Schlingen, mehrfach über hohe schwanke
Fachwerkbrücken hinabsteigen muss. Daneben ent-
faltet sich ein ganz überraschendes Gebirgspanorama.
Gletscher lehnen sich hier schon an Berge von nur
2700 m Höhe, und in der Nachbarschaft des herrschenden Gipfels der Gruppe, des Sir Donald (3250 m),
gewinnen sie beträchtliche Ausdehnung. Eine Schleife
der Bahn bringt uns dem herrlichen Illecillewaetglet-
scher sehr nahe, dessen Zunge noch vor zehn Jahren
bis unmittelbar an niederes Buschwerk heranreichte,
während er jetzt sich beinahe 170 m weit davon zu-
rückgezogen hat. Unweit seiner glitzernden, von Schutt
auffällig freien Zunge erheben sich die mächtigen
Riesenbäume des Waldes von Britisch-Columbia. Offenbar liegt die Schneegrenze hier sehr tief. Ihre Höhe
muss zu etwa 2200—2300 m veranschlagt werden, das
ist tiefer als auf dem Firste des Felsengebirges, wo sie
bei etwa 2700—2800 m angesetzt werden muss, und
weit tiefer als am Ostsaume des Gebirges, wo Gipfel

von 3000 m Höhe unter ihr bleiben. Die Schneegrenze senkt sich vom Innern Canadas erheblich nach dem Pacifik hin. Dabei liegt sie auf der Westseite einer jeden Kette beträchtlich tiefer als auf der Ostseite. Wie zu Banff im Nationalparke und zu Field am Fuße des Hectorpasses hat die canadische Pacificbahn auch an dieser landschaftlich so überaus großartigen Stelle ein ausgezeichnetes Gasthaus errichtet, neben der Station Glacier, nur wenige Kilometer vom Ende des Illecillewaetgletschers. Es ist ein häufig benutztes Standquartier für Hochfahrten im Selkirkgebirge, sowie ein prächtiger Punkt für Unterbrechung der langen transcontinentalen Fahrt. Auch unsere Excursion weilte hier. Aber die Ungunst der Witterung hinderte am 4. September die Ausnutzung der Zeit. Wir mussten uns beschränken, am Nachmittag des 3. September die Zunge des Illecillewaetgletschers zu besuchen, worüber ich in der „Zeitschrift" des Alpenvereines für 1898 näheres berichte.

Wie am Hectorpasse ist auch am Rogerspasse der Aufstieg von Osten her leichter als der Abstieg nach Westen. Der westwärts fließende Fluss ist an beiden Fällen der kräftigere, er arbeitet energisch an der Vertiefung seines Oberlaufes, und wie am Kicking Horse-Flusse hat auch am Illecillewaet die Eisenbahn Mühe, die Thalsohle zu erreichen. Dies geschieht mit einem Gefälle von $15\,^0/_{00}$ auf einer 14 km langen Strecke. Dann senken sich Bahn und Fluss gleichmäßig, bis letzterer, um den Columbia zu erreichen, in eine tiefe

Klamm eintreten muss. Er war hier durch Treibholz
hoch aufgestaut. Mühsam folgt ihm der Schienenstrang.
Bei Revelstoke sind beide unten an der großen Haupt-
wasserader; sie umgieng das Selkirkgebirge in großem,
nach Norden gerichtetem Curse und kam dabei auf
450 m Höhe herab. Das ist ein Niveau, das wir in den
Prärien bereits unfern Winnipeg überschritten, 1200 km
vom Ostfuße der Rocky Mountains, und über dieses
kommen wir auf der Weiterfahrt nach Westen nicht
mehr wesentlich hinauf. Selbst die gletschertragende
Kette westlich von Revelstoke mit ihren Gipfeln von
2700 m, welche die Wässer des Columbia von denen
des Fraserflusses scheidet, wird im Eaglepasse bei nur
610 m Höhe gequert, wobei es an ganz riesigen Moränen
mit ganz ungeheuren erratischen Blöcken vorübergeht.
Es liegen die Thäler innerhalb der canadischen Cordillere erheblich tiefer als das
Prärie- und Steppenland an ihrem Ostfuße. Dabei sind sie stellenweise ertrunken, d. h. werden in
ihrer ganzen Breite von langgedehnten und tiefen
Seen eingenommen, welche nicht bloß, wie namentlich
im Gebiete des Columbiaflusses, Längsthälern folgen,
sondern auch manchmal recht verwickelte Gestalten
annehmen; der Shushwapsee, den der Thomsonfluss zum
Fraser entwässert, mahnt in seinen Umrissen z. B. an
den Luganersee. Mächtige Schlammablagerungen sowie alte Deltas und Uferlinien, deren wir bei Revelstoke nicht weniger als sechs zählten, verrathen, dass
diese Seen einst viel ausgedehnter waren. Diese seen-

reichen tiefen Thäler sind im wesentlichen auf die
canadische Cordillere beschränkt, weiter südwürts ist
in den Vereinigten Staaten der Raum zwischen den
Felsengebirgen und der Sierra Nevada im großen und
ganzen unzerthalt geblieben und tritt als ungegliedertes Hochland entgegen. Diese Verschiedenheit dürfte
wohl auf klimatische Ursachen zurückzuführen sein.
Die canadische Cordillere ist reich benetzt und speist
kräftige Flüsse. Die südlicher gelegenen Gebiete sind
trocken und entbehren der Gerinne, die zum Meere
gelangen. Damit fehlt in ihnen aber auch die Kraft,
die sie zerschneidet, während eine solche in den canadischen Cordilleren in großem Umfange wirkt und wie
ihre Werke, die Thäler, zeigen, auch wirksam gewesen
ist. Die Zerschnittenheit der canadischen Cordilleren
im Vergleiche zu den amerikanischen wird unter solchen
Umständen zu einem Fingerzeige dafür, dass die allgemeine Anordnung der Regenprovinzen an der Westseite des Pacific seit geraumer Zeit keine wesentliche
Veränderung, sondern nur Oscillationen erfahren hat.

Es war schon Abend geworden, als wir am 4. September den Shushwapsee passierten, und nachts fuhren
wir am Kamloopsee vorüber. So entgieng denjenigen
von uns, welche nicht auf der canadischen Pacificbahn
zurückkehrten, der landschaftliche Eindruck dieser
großen Wasserflächen, sowie ihrer eigenartigen Umgebung, welche eine zwischen die Küstenkette und die
Goldketten eingesenkte ziemlich trockene Hochfläche
der canadischen Cordillere, einen Ausläufer der großen

trockenen Gebiete der Vereinigten Staaten darstellt
und gleich letzterem durch das Auftreten jungvulcani-
scher Gesteine ausgezeichnet ist. Am Morgen des
5. September befanden wir uns bereits tief unten am
Fraserflusse, welcher eine Strecke weit einer Kreidemulde am Ostsaume der canadischen Küstenkette folgt.
Letztere erhebt sich unfern seiner Ufer auf nahezu
3000 m. Aber ihre stolzen Häupter versteckten sich
in Wolken, unser Blick war auf das Thal beschränkt,
aber hier bot sich ihm noch des Großartigen genug. Als
ein mächtiger Strom rauscht der Fraser daher, wir
folgen ihm auf einer Terrasse von wechselnder Höhe.
Mehrfach, wie z. B. in der in unserer Fig. 11 wieder-
gegebenen „Höllenpforte", engt sich das Thal schlucht-
ähnlich ein, über 1000 m hoch erheben sich seine Wan-
dungen aus dem Flusse, der oberhalb solcher Stellen
gestaut erscheint und deutliche Hochwassermarken
20 m über dem Septemberspiegel hinterlassen hat.
Mühsam gewinnt durch erstaunliche Kunstbauten die
Eisenbahn Raum. Da und dort in Weitungen sieht
man Indianerla... deren Insassen dem Fischfange obliegen, und welche daher von Gestellen voll von ge-
dörrtem Lachs umgeben sind. Daneben haben sich
Chinesen angesiedelt. Sie wandern in Schaaren auf
der Bahnstrecke. Üppiger und üppiger wird der Wald,
riesenhaft erheben sich die einzelnen Bäume. Alles
vereinigt sich um die Fahrt durch den Fraser Canyon,
wie das großartige Thal genannt wird, zu einer überaus großartigen voll eigenartiger Eindrücke zu machen.

Fig. 14. Hell's Gate am Fraserflusse, 16 km unterhalb North Bend.

Der Fraser Strom eröffnet der canadischen Pacificbahn den Zugang zum Meere. Er findet seinen Weg dahin im Süden der canadischen Küstenkette, dort, wo diese im stumpfen Winkel mit dem nordamerikanischen Cascadengebirge zusarr.⸱⸱nenstößt. Hier ist er bereits auf unter 60 m Meereshöhe herabgestiegen und von breiten Alluvialflächen begleitet. Die Spitze seines großen Deltas liegt in dem erwähnten stumpfen Winkel. Hier erhebt sich neben ihm der 3256 m hohe Vulcan Mount Baker. Ein heftiger Regenschauer entzog uns gerade diese großartige Scenerie; der Blick blieb beschränkt auf das Delta, in dessen großen Kiesmassen zahlreiche Baumstämme, die der Fluss herbeiführte, eingebettet werden. Dichter Hochwald machte sich hier ursprünglich allenthalben breit, jetzt ist er bereits erheblich gerodet. In der Stadt Vancouver, in einem Winkel der Georgiastraße, den der Fraserstrom nicht zugeschüttet hat, endet angesichts des Gebirges in einem theilweise noch erhaltenen Walde von Riesenbäumen die canadische Pacificbahn. Die transcontinentale Strecke von Montreal bis dahin beträgt 4677 km, sie wird in fünf Tagen und sechs Stunden durchmessen; 946 km davon und 30 Stunden Fahrt entfallen auf die Durchquerung der Cordilleren. Gewiss die längste und dabei überall ungemein schöne Gebirgsbahn der Erde, mehr als dreimal so lang als die längste der Bahnen durch die Alpen, die Brennerlinie.

Ein großer Flussdampfer brachte uns von Vancouver durch die Georgiastraße in acht Stunden nach

Victoria auf der Insel Vancouver, der Hauptstadt von
Britisch Columbia. Es war eine ungemein lehrreiche
`ahrt. Der Himmel heiterte sich auf, die 2000 m hohe
Küstenkette des Festlandes und die ihnen an Höhe
wenig nachstehenden Berge der Vancouverinsel wurden theilweise sichtbar, zwischen ihnen glitten wir
auf spiegelglatter See dahin, einige kleine Eilande be-
rührend, welche aus flachgelagerten Kreideschichten
bestehen, und zwischen niederem Schwemmland eilends
dahinsteuernd. Alle Ufer (vgl. Fig. 12) umsäumt mit
Treibholz, das der Fraser ins Meer gefrachtet, und
dieses bis weithin vor seiner Mündung getrübt durch
seine schlammigen Fluten. Lebhaft konnte man sich
hiernach die geographischen Verhältnisse vergegen-
wärtigen, unter welchen die schmalen Streifen von
Kreideschichten entstanden sind, die die canadischen
Cordilleren durchsetzen. Sie müssen in schmalen
Meeresarmen ähnlich der Georgiastraße abgelagert
worden sein, in der Nachbarschaft von großen Fluss-
mündungen, welche das Holz für ihre kohligen Ein-
lagerungen lieferten. So bewahrt die gegenwürtige
Topographie noch Züge längst vergangener Zeiten.

Ich konnte mich davon recht lebhaft durch den
Besuch der Gegend von Nanaimo und der Kohlenberg-
werke von Wellington vergewissern, der am 7. September durch Mitglieder aller in Victoria zusammen-
getroffenen Excursionen ausgeführt wurde. Da sah
ich in Nanaimo Conglomerate, offenbar altes Fluss-
geröll, und sammelte bei den Kohlenschächten Ab-

drücke von Laubholzblättern auf den Halden des Bergwerks. Nichts deutet hier auf die Nähe des cretaceischen Meeres, aber südlich von Nanaimo wurde in demselben Formationscomplex eine reiche marine Fauna ausgebeutet.

Der Ausflug von Victoria nach dem erwühnten Kohlengebiet bezeichnet das Ende meiner Reise in Canada. Sie führte noch durch eine hochinteressante Landschaft: die Insel Vancouver, welche die fünfte, nur theilweise aus den Fluten auftauchende Zone der großen canadischen Cordillere bildet, ist in ihren tieferen Theilen mit einem Walde bedeckt, der nicht leicht seines Gleichen findet. Die nicht selten 100 m hohen Douglastannen bilden dichte Bestände; bei der herrschenden Feuchtigkeit können Waldbrände, deren traurige Spuren namentlich im Felsengebirge sehr auffallen, nicht leicht aufkommen; der Zug dampft unter den mehrhundertjährigen Riesen dahin; sie zu lichten ist nur an den wenigsten Stellen gelungen. Sie ragen noch in der unmittelbaren Nachbarschaft von Victoria auf, wo sich die freundlichen Holzhäuser der europäischen Siedler zwergenhaft unter ihnen ausnehmen.

Hier in Victoria, wo die Excursionstheilnehmer seitens der Bewohner die freundlichste Führung genossen, sind die Spuren der eiszeitlichen Vergletscherung noch recht auffällig, welche, vom Festlande ausgehend, die tieferen Theile der Insel Vancouver mit Eis überzog. Dasselbe kreuzte auch unter rechtem

Winkel die fjordähnliche Bucht, welche die geographische Bedingung für Victoria bildet, und welche dem-
nach keinesfalls als ein Werk des Eises angesehen
werden kann. Sie ist ein untergetauchtes Thal, das
eine stattgehabte Senkung des Landes anzeigt. Diese
Senkung ist gegenwärtig von einer Hebung abgelöst.
Die Küste zwischen Victoria und Nanaimo wird von
ausgedehnten Terrassen begleitet. So haben wir denn
an der Küste des Pacific dieselben Erscheinungen wie
am atlantischen Gestade der großen britischen Herrschaft in Nordamerika. Soweit die Eiszeitspuren
reichen, sind die Küsten gebuchtet, die Thalausgänge
des Landes stehen unter Wasser, und zugleich finden
sich Uferlinien, welche eine nach der Vereisung ein-
getretene Hebung verrathen. Sie ist nicht stark genug,
um die Wirkung der vorangegangenen Senkung zu ver-
wischen. Das sich hebende Land hat die Umrisse eines
untergetauchten.